NÉ POUR DONNER
NÉ POUR SERVIR

NÉ POUR DONNER
NÉ POUR SERVIR

LES LOIS JUMELLES DU SERVICE ET DU SACRIFICE

FAISEURS D'EXPLOITS INTERNATIONAL

Collection Dan te parle : numéro 2

ISBN-13 :

978-9956-39-775-4

Ce livre est dédié à tous les enfants des familles FDE

REMERCIEMENTS

Toute notre gratitude va à l'endroit du Saint-Esprit qui nous enseigne toute chose et qui nous donne de pouvoir transmettre le système de pensée de Jésus aux générations suivantes.

TABLE DES MATIÈRES

INTRODUCTION

La leçon de ma mère que j'ai eu le plus de difficulté à comprendre est devenue ma meilleure leçon de vie. Ma mère me parlait des deux leçons jumelles qui apportent des résultats extraordinaires dans la vie de ceux et celles qui les pratiquent.

Un jour mon petit frère a vécu une scène terrible en classe lorsqu'il était en 5e année primaire. Toutefois, ce n'est que moi qui trouvais la scène horrible alors que ma mère avait cette manie de trouver un beau cadeau dans chaque situation. Lorsque je m'indignais de la situation, ma mère profitait comme d'habitude pour m'enseigner une de ses interminables leçons de vie. C'est ce jour-là qu'elle avait évoqué sa fameuse expression des lois jumelles, faisant référence à la leçon que je vais te révéler dans ce 3e numéro de la *collection Dan te parle*.

As-tu hâte de savoir ce qui s'est passé à l'école de mon jeune frère et surtout comment ma mère a la capacité de s'appuyer sur toutes sortes d'histoires pour nous éduquer?

CHAPITRE I : LA FACHEUSE EXPÉRIENCE DE MON FRÈRE EN CLASSE

Un jour, mon jeune frère a vécu une scène qui me semblait inacceptable dans son école primaire, alors qu'il était en 5e année. Une jeune fille canadienne après avoir aiguisé son crayon en bois, s'est permis de verser les débris de bois sur le plancher. Cette jeune fille n'avait aucun respect pour les espaces de vie commune dans l'école et s'était alors permis de salir l'espace sans scrupule.

Lorsque mon jeune frère est entré en classe, il a trouvé que la place était sale. Il s'est précipité pour prendre un balai et une pelle à poussière, puis a nettoyé convenablement les lieux.

Soudain, la jeune fille qui avait sali l'endroit s'est acharnée sur mon jeune frère en lui disant précisément ceci :

Jeune fille : « Hé ! Vas-y petit négro, c'est à cela que tu dois normalement servir ».

Et d'un sourire narquois, nous raconte-t-il, mon jeune frère lui a tout simplement répliqué :

« Ce que tu fais en public n'est que le prolongement de qui tu es dans ton cœur. Ce que tu penses de moi m'importe peu, car je sais très bien qui je suis. En ce qui me concerne, je nettoie quand je trouve que c'est sale, je mets en ordre lorsque je trouve du désordre. Et pour le faire, je n'ai besoin ni de l'approbation ni de la reconnaissance de qui que ce soit. Que la paix soit avec toi ! »

Je n'en revenais pas que mon frère ait pu se laisser insulter ainsi. De ma perspective, je croyais qu'il était juste qu'il remette cette fille à sa place en l'insultant en retour. J'aurais donné une belle claque à cette dernière pour la faire taire. Mais j'étais curieux de comprendre pourquoi mon frère ne voyait pas les choses de la même manière que moi. En effet, mon frère écoute beaucoup ma mère et celle-ci a toujours été son modèle.

Malgré tout, cette jeune fille a continué à s'en prendre à mon jeune frère qui aurait pu être plutôt reconnu pour son service. Elle lui a adressé tellement d'insultes racistes au point où ses parents ont été convoqués à l'école.

Par-dessus tout, ce qui attire mon attention dans cette histoire c'est qu'il n'y avait aucune manière pour moi de comprendre, à ce moment-là, que la reconnaissance n'était pas censée suivre automatiquement le service.

CHAPITRE II : LA RECONNAISSANCE EST-ELLE SENSÉE SUIVRE AUTOMATIQUEMENT LE SERCIVE?

En tant que jeune adolescent à cette époque-là, je trouvais que mon jeune frère était un lâche et je ne comprenais pas comment il pouvait se laisser insulter ainsi. Il faisait face à ce manque de reconnaissance dans un calme déconcertant sans lever le petit doigt. J'imaginais qu'à sa place, j'aurais peut-être nettoyé le plancher, mais je n'aurais jamais laissé qu'on m'insulte ainsi pour un service que j'avais rendu. C'est alors que ma mère s'appuya sur cette situation pour m'enseigner les lois jumelles du service et du sacrifice.

Son enseignement n'était pas du tout digeste pour moi jusqu'à un certain moment de ma vie. Ce qu'elle m'enseignait au sujet du service et du sacrifice ressemblait beaucoup à ce qui nous était enseigné au sein du corps de cadets de l'armée canadienne, puisque j'en faisais partie. Toutefois, la leçon de service et de sacrifice telle qu'expliquée par ma mère avait une autre connotation. Elle semblait plus profonde, mais en même temps révoltante. Il faut noter que le corps de cadets au Canada est une organisation militaire pour jeunes de 12 à 19 ans qui ressemble beaucoup au scoutisme qu'on voit dans d'autres pays. Ces jeunes sont formés comme des militaires sous forme d'activités parascolaires. On leur inculque des valeurs comme la discipline, le service, le sacrifice, l'amour de la patrie, le respect de la hiérarchie, etc.

Dans le corps des cadets de l'armée, nous avions automatiquement de la reconnaissance des bons et loyaux services. J'ai accumulé tellement de certificats de reconnaissance au sein du corps de cadets que je devrais être la personne la mieux placée pour comprendre l'importance de la loi du service et du sacrifice. Mais dans le cas de mon petit frère, il n'y avait pas eu de reconnaissance et ma mère semblait me dire que c'était normal. Curieusement, mon petit frère aussi semblait ne pas s'en faire et j'en étais perplexe. J'étais en mesure de conclure rapidement que mon jeune frère était lâche, mais je ne savais quoi dire de ma mère. Surtout qu'habituellement maman finit toujours par avoir raison lorsque je prends le temps de bien comprendre son système de pensée.

Comme d'habitude, elle m'a amené vers ce qui la passionne le plus. Elle m'a dit que la logique d'une telle situation se trouvait dans la Bible. Elle m'a dit précisément qu'elle s'inspirait du système de pensée de Jésus. J'avais donc hâte de l'écouter.

CHAPITRE III : LA PERSPECTIVE BIBLIQUE DES LOIS JUMELLES DU SERVICE ET DU SACRIFICE

Ma mère m'a précisément dit que le plus grand de tous est toujours celui qui sert les autres. Elle m'avait également appris qu'il était mieux que celui qui sert n'ait point d'attentes en termes de reconnaissance. C'était très difficile pour moi d'admettre cela, même si plus tard ce sont ces lois qui gouvernent mon propre comportement en société.

Voici ce que dit la Bible au sujet de la reconnaissance : la plupart des personnes veulent la reconnaissance, mais *« Il n'en est pas de même au milieu de vous. Quiconque veut être grand parmi vous, qu'il soit votre serviteur; et quiconque veut être le premier parmi vous, qu'il soit l'esclave de tous* » Marc 10 : 43-44

Jésus nous donne ainsi une clé toute simple si nous voulons être grand et avoir une vie bénie, il nous dit qu'**il faut servir les autres**. Il n'a pas parlé d'une aide ponctuelle, mais d'une habitude. Ceci signifie que **servir les autres doit devenir un style de vie.** En d'autres termes, tu dois te poser chaque matin la question de savoir à qui profitera ta vie dans cette journée.

CHAPITRE IV : TROUVE DES OCCASIONS POUR SERVIR INTENTIONNELLEMENT LES AUTRES

Quand tu vis pour servir les autres, tu te rends disponible à aider, tu fais du bénévolat dans ton église, dans ta municipalité ou dans ton école du quartier. Tu peux aussi choisir de t'occuper de tes frères et sœurs, de tes parents ou de tes grands-parents. Et pour que cela soit vraiment un service au sens biblique du terme, il faut que tu le fasses sans rien attendre en retour. Tu dois juste être animé par l'amour du service.

Pour être un serviteur selon le cœur de Dieu, aider les autres ne doit pas être perçu comme un devoir ou une obligation. Car une obligation c'est une chose que l'on fait par contrainte. Le service n'est pas quelque chose que tu te forces à faire, c'est plutôt quelque chose que tu prends du plaisir à faire pour l'intérêt de l'autre. C'est une attitude qui fait partie intégrante de toi. Tu développes l'attitude de servir ou de donner ton temps aux personnes qui se connectent à toi.

En somme, c'est en servant que l'être humain connaît le vrai bonheur et l'accomplissement personnel. As-tu déjà compris que dans la vie il y a plus de bonheur à donner qu'à recevoir, mais qu'au final c'est en donnant qu'on reçoit?

CHAPITRE V : NE VIVONS PLUS POUR RECEVOIR, MAIS POUR DONNER

Je t'assure que j'avais du mal à comprendre ceci jusqu'à ce que je prenne de l'âge. Hahaha ! J'ai 23 ans en ce moment et je souhaite que tu saches, dès maintenant, ce que j'ai refusé de considérer 6 ans plus tôt. J'ai pris du temps pour comprendre ces conseils de ma mère contrairement à mon jeune frère. Mais aujourd'hui, je bénis Dieu pour la vie de ma mère et je crois que sans ses conseils je serais perdu.

En effet, beaucoup de personnes ne sont pas heureuses parce qu'elles sont trop focalisées sur leur propre vie. Elles ne pensent qu'à leurs rêves, leur réussite, leur confort, mais aussi leurs problèmes, leurs soucis, leurs inquiétudes. Et c'est ce qui aurait pu m'arriver si je n'avais pas fini par prêter une oreille attentive aux conseils de ma mère.

J'aimerais t'aider à réaliser qu'en te focalisant trop sur toi-même, tu te limites. Ceci a l'air paradoxal, mais oh combien significatif. C'est important de s'ouvrir aux autres à travers le service et le don de soi. Une des questions importantes que tu dois toujours te poser est la suivante : À qui profite mon existence?

La réponse à cette question te révèle ton rôle vis-à-vis des autres. Et dans ce rôle, il s'agit essentiellement de ce que tu apportes aux autres à travers ton existence par le biais du service. Il est important de comprendre que le don de soi passe surtout par le sacrifice de ton temps et de tes intérêts personnels pour accorder de l'importance à une cause qui touche ton cœur. Tu peux par exemple choisir de te rendre utile pour tous les enfants qui subissent l'intimidation dans ton école. Tu peux juste leur dire qu'ils sont de merveilleuses personnes et que Jésus les aime.

CHAPITRE VI : SAVAIS-TU QUE NOUS AVONS ÉTÉ CRÉÉS POUR DONNER?

Une autre question essentielle que tu dois te poser est la suivante : *pourquoi est-ce que j'existe*?

Pour ma mère, nous sommes tout un chacun comme des arbres fruitiers. Elle dit précisément dans son livre qu'aussi vrai qu'un manguier ne peut se nourrir de ses propres fruits, nous aussi existons pour bénir les autres avec ce que nous avons. Et pour donner, ça prend une capacité à se sacrifier, soit pour une personne, soit pour une cause.

Dieu a mis des personnes dans nos vies pour que nous puissions être une bénédiction pour elles. Chaque matin, nous devrions nous poser cette question : « *Quelle est ma mission aujourd'hui* ? », et demander au Seigneur : « *Montre-moi au moins une personne à qui je peux faire du bien aujourd'hui* ».

Je connais 5 mamans qui ont toujours le cœur sur la main et cela depuis 6 années maintenant, dans le cadre de l'association des Faiseurs d'exploits international. Elles servent les autres en permanence. Elles ont créé FDE, et étant dévouées au service, elles ont impacté la vie de milliers de femmes et familles aujourd'hui. Elles sont infatigables et comme le nom de cette association l'indique, avec Dieu elles font des exploits.

Les lois jumelles du service et du sacrifice semblent figurer en tête de ligne des principes divins qui orientent leurs actions. Leur vie est une expression vivante de cet adage anglais : « People helping people succeed », c'est-à-dire des personnes dont la vie sert à impacter positivement la vie des autres. Curieusement, ces mamans-là prospèrent à tous égards et sont une curiosité pour une multitude.

Par ailleurs, j'ai vu mes parents se mettre au service de plusieurs. Aider les personnes à s'intégrer dans notre ville de résidence, amener ou aller chercher des personnes à l'aéroport, inviter d'autres à dîner chez nous, conseiller des frères et sœurs de nationalités diverses, aider d'autres à déménager, aider à l'éducation des enfants défavorisés, etc.

En tant qu'enfant, je ne comprenais pas le sens de leur dévouement. Je croyais à priori que nous allions nous appauvrir, tellement mes parents étaient prêts à aider et à donner aux autres sans compter. Curieusement, nous n'avons jamais manqué de rien par la grâce de Dieu. C'est alors là que j'ai compris qu'à l'image des 5 mamans du conseil d'administration de FDE international, mes parents ont également développé cette attitude de service que je reproduis à mon tour, et que je t'enseigne dans cette leçon. Je te souhaite de lire cette leçon, de l'appliquer dans ta vie et tu verras comment Dieu te bénira en retour.

En conclusion, quand tu sers les autres, tu sers Dieu. Surtout si tu ne le fais pas pour avoir des remerciements et des applaudissements des amis. Si tu le fais pour Dieu, Lui qui voit dans le secret te le rendra au centuple et à l'image de ces mamans de FDE international, tu prospéreras à tous égards.

Il faut noter que servir pour Dieu c'est le faire aussi pour ceux qui ne t'aiment pas, car Jésus dit : « *Mais si ton ennemi a faim, donne-lui à manger; s'il a soif, donne-lui à boire; car en agissant ainsi, ce sont des charbons ardents que tu amasseras sur sa tête* » Romains 12 : 20.

Chaque fois que tu aides une personne, Dieu le sait. Chaque fois que tu fais un sacrifice, Dieu le voit et le note dans ses archives. Par exemple, prendre du temps pour aider à la surveillance des tous petits à l'église, se réveiller plus tôt pour aller répéter avec le groupe de louange, contribuer aux tâches domestiques chez vous, prier pour un frère ou une sœur en difficulté, aider une personne sur la cour de l'école, etc.

Lorsque tu développes cette attitude de service, tu as certainement une récompense inattendue diligentée par la grâce de Dieu.

CHAPITRE VII : TU AS UNE VIE DE SERVICE, TA RÉCOMPENSE INATTENDUE ARRIVE

Il est important de ne pas avoir d'attente lorsque tu vis une vie de service. Sois tout simplement satisfait du fait que tu as rendu service et ne sois pas en attente de la réaction du bénéficiaire ou des observateurs. Ta capacité de t'autosatisfaire de ce que tu fais se décrit comme étant le respect de ta *zone de satisfaction*. Ne t'attends pas à être applaudi ou payé en retour.

Parfois, tu ne seras même pas remercié malgré tout ce que tu auras fait. Toutefois, cela importe peu si tu comprends bien les lois jumelles enseignées par ma maman. Peu importe la réaction des autres, sois certain qu'il y a de grands applaudissements dans les cieux et sûrement des récompenses inattendues accordées par Dieu selon ses richesses !

Sache que Dieu voit tout ce que tu fais, et c'est cela le plus important. En effet, tu n'as pas besoin d'être reconnu ni d'être adulé. Tu n'as pas besoin de recevoir le certificat du meilleur élève du mois ou de l'employé du mois. L'art de recevoir des certificats pour mes bons services au sein du corps de cadet de l'armée au Canada m'avait tellement façonné une manière non biblique d'appréhender le service et le sacrifice. Mais je souhaite pour toi une compréhension différente.

Je désire que tu comprennes que ce n'est pas pour te demander de ne pas bien faire les choses. Ce que tu dois plutôt comprendre est que tu dois servir, mais pour Dieu, et non pour être applaudi. Dieu te voit lorsque tu sers un verre d'eau à l'étranger, lorsque tu visites des malades, lorsque tu aides un voisin pendant ta journée de congé, lorsque tu aides ton camarade dans la cour de l'école, lorsque tu adresses des compliments aux autres. Il t'observe lorsque tu sers les autres et Il élève ton nom au rang des plus grands.

Retiens s'il te plait qu'on n'est jamais trop grand, ni trop important, ni trop influent pour servir. Parfois pour faire de petites choses, il faut être une grande personne. Pour servir Dieu, il faut d'abord servir les autres. Une vie épanouie ne se limite pas à ce que nous possédons comme grande maison, voiture de marque, diplôme, etc. On s'entend qu'il n'y a rien de mal à désirer ou à posséder ces choses, car Dieu ne nous veut pas dans la disette ou dans le manque. D'ailleurs, la disette ne reflète pas sa Gloire. Cependant, si nous voulons une vie complètement accomplie, il faut développer une attitude de service pour les autres et en faire un style de vie.

Mais que signifie être créé pour donner?

Être créé pour donner c'est rendre meilleure la vie des autres. Sauf que parfois, certaines personnes pensent qu'elles n'ont rien à offrir aux autres. Je te suggère de ne pas faire partie de celles-là. Ne pense pas que tu n'as rien à offrir ! Même à ton jeune âge, tu as ce que tu peux offrir et je pense que tu as découvert des exemples dans ce livre.

Plusieurs personnes peuvent avoir besoin de ce que tu as et que tu juges comme étant non important. Il peut juste s'agir de ton sourire, de ton amour, de tes encouragements, de tes compétences, de ton écoute. Je souhaite que tu réalises que

« servir » apporte une satisfaction qui a plus de valeur que l'argent. Quand tu le fais, tu ressens une paix, une joie, un épanouissement que seul Dieu peut te donner.

CHAPITRE VIII : QUE FAIRE POUR SERVIR CONCRÈTEMENT?

Si tu veux servir et devenir une bénédiction pour ton prochain, tu dois sortir des sentiers battus. C'est-à-dire que tu ne dois pas faire comme tout le monde. Tu devras parfois te lever plus tôt pour accomplir certaines tâches ou te coucher plus tard non pas parce que tu regardes des contenus inappropriés sur les écrans, mais parce que, tu as pris le temps de prier pour une personne malade, parce que tu as pris le temps de mettre de l'ordre dans ta maison le soir par exemple. Le service peut te demander du temps et de l'énergie. Mais, sachant pourquoi tu le fais, Dieu qui te voit dans le secret renouvelle tes forces et tu ressens une nouvelle énergie.

Pourquoi cela se passe ainsi? Parce que, lorsque tu fais la volonté de Dieu, Il s'occupe à te rafraîchir. Servir ne t'assèche pas, mais contre toute attente, cela renouvelle tes forces. Jésus a dit que faire la volonté de son Père était sa nourriture; autrement dit, servir son père le fortifiait.

Peut-être tu es déjà une personne qui sert. Tu aides peut-être à l'église, à faire le ménage, à ramasser les papiers négligés sur la piste cyclable de ton quartier. Tu as peut-être travaillé toute la semaine pendant l'été, et tu aimerais bien te reposer le week-end, afin de récupérer un peu. Mais tu ne peux pas, car tu dois aider. Alors, sache que comme Jésus, lorsque tu aides, Dieu renouvelle tes forces. Voici le verset biblique qui exprime mieux ce que je t'explique ici.

« *Mais ceux qui se confient en l'Éternel renouvellent leur force. Ils prennent le vol comme les aigles; ils courent, et ne se lassent point, ils marchent, et ne se fatiguent point* ». Ésaïe 40 : 31

En effet, la joie et l'énergie appartiennent à ceux et celles qui servent Dieu et qui ont compris que **servir Dieu c'est servir son prochain dans le secret**. Il est vrai que tu peux ressentir de la fatigue, mais Dieu te rafraîchira et te redonnera de l'énergie pour le restant de ta journée et de ta semaine. Dieu prend soin de toi. Chaque fois que je finis un service à l'église, je me sens plus fort qu'au moment où j'ai commencé. Pourtant, cela me demande beaucoup d'énergie : je supervise les plus jeunes et j'enseigne aux jeunes adultes. Pendant la louange, je tape des mains, j'exhorte, j'encourage, je joue parfois à la guitare, mais je repars toujours avec plus d'énergie. Pourquoi ? Parce que, je sers le peuple de Dieu et Dieu renouvelle mon énergie en retour.

Parfois, si tu te sens fatigué en permanence, s'il t'arrive de te sentir sans énergie, c'est peut-être parce que tu ne fais pas assez pour les autres. Pose-toi donc la question de savoir à qui profite ton existence. Puis, sors de ta routine et aide des personnes qui sont seules. Offre des jeux de société à tes voisins, ou appelle un ami qui est en difficulté, etc. Au moment où tu feras cela, tu sentiras tes forces se renouveler.

CHAPITRE IX : QUAND TU ÉLÈVES LES AUTRES, DIEU T'ÉLÈVE

Comme nous l'avons vu plus haut, tu n'as pas besoin de faire de grandes choses en tant que tel. Un simple mot d'encouragement peut apporter beaucoup dans la journée de ton prochain. Mais tu dois le faire régulièrement. Cela doit devenir un mode de vie, quelque chose de naturel en toi.

Un jour après mon cours à l'université, en disant bonjour à un jeune homme, je l'ai regardé et je lui ai dit : « Dieu t'aime ! ». Plus tard, ce jeune homme est venu me dire combien cette parole lui avait fait du bien. Il avait été intimidé et insulté avec des propos racistes. Il se sentait triste et s'isolait. Mais lorsque je lui ai dit cette parole, il a compris qu'aux yeux de Dieu, peu importe ce qu'il avait vécu : il a un prix, une valeur. Dieu l'aime et il est beau à ses yeux.

Tu vois donc qu'une seule parole peut faire beaucoup de bien à une personne que tu rencontres par hasard sur ton chemin. La Parole de Dieu déclare dans Proverbes 12 :25 « *L'inquiétude dans le cœur de l'homme l'abat, mais une bonne parole le réjouit* ».

Toute la journée, nous pouvons servir Dieu en faisant juste des compliments, en encourageant, en élevant les personnes qui sont autour de nous : « *Tu es magnifique aujourd'hui* », « *Je crois que tu vas y arriver* », « *Je prie pour que ta famille aille bien* ». Des mots simples peuvent faire toute la différence.

CHAPITRE X : SOIS UNE BÉNÉDICTION POUR TA FAMILLE

Sois ordonné dans tes agissements. C'est bien de servir les autres, mais n'oublie pas de le faire aussi pour ta propre famille. Dieu est un Dieu d'ordre. Supporte tes parents dans leurs tâches domestiques.

Prends plaisir à aider ta mère : « *Maman, as-tu besoin d'aide?* » « *Maman, prends une pause, je vais continuer les devoirs avec mes petits frères* ».

Aide ton père : « *Papa j'ai nettoyé ta voiture ce matin, je t'ai préparé une salade de fruits, j'ai repassé ta chemise…* ». Une attitude de service au sein de la famille renforce les liens.

Tellement de personnes s'attendent à ce que les autres fassent tout pour eux, mais ne sont pas prêtes elles-mêmes à rendre service. Dans une véritable relation familiale, tu dois accepter d'aider les autres, et surtout, rechercher leur bonheur et leur épanouissement avant le tien. Et cela passe par le service. Ma mère nous l'exige dans notre famille. Elle nous entraîne à toutes sortes d'attitudes et se décrit comme un parent-entraineur.

Parfois, apporte à tes parents le petit déjeuner au lit. Parfois, va chercher la petite dernière à la garderie pour aider ta mère qui s'affaire à cuisiner le souper familial. En tant qu'enfant, arrête de râler si tes parents te demandent le moindre service. Parfois, ramasse dans le secret ce que l'autre a laissé traîner afin que ton comportement soit un enseignement pour les autres. Prends le temps de contribuer à la préparation d'un bon dîner familial. La vie familiale est une vie d'amour, de partage, de service et de sacrifice. La vie en famille est ton terrain d'entrainement à l'observation des lois jumelles de service et du sacrifice.

CHAPITRE XI : CHRIST, UN MODÈLE. IL EST VENU POUR SERVIR ET TE LAISSER UN PROTOCOLE

Dans le processus de l'apprentissage, l'être humain a généralement besoin d'un modèle. C'est aussi pour cela que l'on dit qu'un être humain est le fruit de son environnement. Mais pour mieux le dire, je pense que l'individu est le fruit de l'ensemble des modèles qu'il suit et écoute.

Pour ce qui est du service, le meilleur modèle c'est Jésus lui-même. Sa vie n'a été que service. Il nous a laissé tellement d'exemples et nous a enseigné les valeurs qui supportent tout service : l'amour et l'humilité.

La Bible nous enseigne que Jésus avait tous les pouvoirs. Les anges étaient à son service. Pourtant, malgré sa grandeur, Il s'est agenouillé et a lavé les pieds de ses disciples, un par un. Il aurait pu demander à n'importe quel disciple de le faire, Il aurait pu appeler un ange, mais Il a préféré le faire lui-même. Alors, Jésus a montré l'exemple du service pour nous faire comprendre que nous ne serons jamais trop importants ou trop grands pour faire du bien aux autres. Nous ne serons jamais trop hauts pour nous agenouiller et servir. Le service demande une dose d'humilité. **Plus tu marches dans l'humilité, plus tu sers ton prochain, et plus Dieu t'élève.**

CHAPITRE XII : LE PRIX À PAYER POUR SERVIR : SORTIR DE TA ZONE DE CONFORT

Servir exige de sortir de ta zone de confort pour voir au-delà de tes intérêts personnels. Ce n'est pas toujours évident, mais avec l'aide du Saint-Esprit tout est possible.

Laisse-moi te poser à nouveau ces questions : Qui sers-tu ? Avec qui es-tu bon ? Qui soutiens-tu dans ta vie? Ne t'imagine pas que tu n'as personne à aider ! Dieu place des gens autour de toi pour que tu puisses leur apporter de la lumière ou un sourire à leur vie. Regarde et tu verras combien de personnes tu peux bénir autour de toi. Le matin, en te levant, demande ceci à Dieu : « *Seigneur, qui est-ce que je peux bénir aujourd'hui?* » Demande-lui de t'aider à être sensible aux besoins de ton entourage. Parfois nous devons accepter de quitter notre confort pour porter secours à une personne qui est dans le besoin.

Ma prière pour toi aujourd'hui est la suivante : « *Seigneur, aide toute personne qui lit ce livre à avoir un cœur de compassion. Aide-la à ne pas être focalisée seulement sur son propre bonheur au point de rater des occasions de servir* ».

Je souhaite que tu comprennes que le problème n'est pas de manquer de désir de servir, car, en tant que chrétiens, nous l'avons tous. Mais, la difficulté est que peu de personnes sont prêtes à en payer le prix, à sortir de leur confort pour aider l'autre. La plupart des personnes ont de la difficulté avec l'humilité et l'abnégation.

En somme, servir, c'est sortir de notre zone de confort pour aider, soutenir et être bons avec les autres.

Savais-tu qu'aider les personnes qui ont un besoin est une chose qui touche le cœur de Dieu?

Je n'oublierai pas l'exemple de mon père qui a abandonné son repos de dimanche pendant plusieurs mois pour aller lire la Parole de Dieu avec une personne âgée et paralysée qui vit seule.

Mon père qui travaille fort toute la semaine aurait pu rester dans le confort de notre maison le dimanche pour se reposer. Mais il a décidé de s'occuper de cette personne âgée.

Je trouve cela déjà beau de le faire pour sa famille; mais le faire pour quelqu'un qui ne fait pas partie de sa famille, je trouve que c'est absolument merveilleux ! Mon père ne le faisait pas pour avoir de la reconnaissance, il ne reçoit pas d'argent en échange, il le fait par amour.

Dans Matthieu 25 :40, il est écrit : *« Je vous le dis en vérité, toutes les fois que vous avez fait ces choses à l'un de ces plus petits de mes frères, c'est à moi que vous les avez faites »*. Lorsque tu es bon avec les autres, lorsque tu sors de ton chemin pour être une bénédiction pour l'autre, Dieu le voit. Il voit ton cœur compatissant et Il aime cela. Peut-être que sur terre, personne ne t'applaudit comme ce fut le cas pour mon frère dans son école lorsqu'il a été insulté après avoir aidé à nettoyer. Mais sache que dans les cieux, il y a beaucoup d'acclamations pour toi.

CHAPITRE XIII : ENFIN LE MYSTÈRE : LA RÉCOMPENSE EST AILLEURS

Paradoxalement, ce n'est pas parce que tu fais du bien que l'on dira toujours du bien de toi. À certains moments, tu pourras être ignoré, critiqué, sali, désapprouvé. Peu importe ! Ne te décourage pas ! Ta récompense sera d'autant plus grande. Les personnes qui reçoivent des honneurs et de la reconnaissance ont déjà leur récompense. Mais lorsque personne ne te félicite, les écritures disent que : « *afin que ton aumône se fasse en secret; et ton Père, qui voit dans le secret, te le rendra* ». Matthieu 6 :4

La récompense sera grande pour les personnes qui travaillent dans l'ombre, pour celles qui œuvrent, année après année, sans attendre de remerciement des hommes. Je sais que la reconnaissance fait chaud au cœur, mais ce que je souhaite que tu comprennes est que la reconnaissance ne doit pas être ta motivation première quand tu fais du bien. Quand tu fais du bien dans l'ombre, tu reçois une énorme récompense qui ne vient que de Dieu.

Alors, sois encouragé ! Dieu voit chacun de tes actes, Il voit tous les services que tu rends, même les plus petits. Rien de ce que tu fais n'échappe à l'œil de Dieu, et Il te récompense pour tout cela.

CONCLUSION

Les lois jumelles du service et du sacrifice constituent une des attentes de Dieu pour Ses enfants. Le Christ Jésus les a observés le premier et nous a laissé un protocole à suivre. Il est notre modèle. Et lorsque nos parents sont en Christ, ils sont des modèles de proximité que nous devons suivre absolument. Ceci n'a pas été facile pour moi lorsque je ne comprenais pas le système de pensée de ma mère ainsi que le don de soi de mon père. Mais par la grâce de Dieu, mon intelligence a été renouvelée à force d'écouter des enseignements, de lire la Bible et de méditer la Parole de Dieu.

Lorsque tu fais ce que Dieu te demande, tu es renouvelé chaque jour et tu ne peux pas te fatiguer d'avoir de la compassion pour les autres. Cherche toujours à aider les personnes autour de toi, ne rate aucune occasion de servir. Si tu développes le service comme style de vie à l'exemple de Jésus, Dieu a promis de t'élever et de rendre ton nom grand.

Enfin, je proclame et je déclare que, puisque tu sers les autres, tu seras récompensé au nom puissant de Jésus-Christ. Je déclare que Dieu veille sur toi, que Sa bonté t'accompagne et que Sa grâce est sur ta vie.

Made in United States
North Haven, CT
10 November 2026

22091521R00029